राहगीर

डॉ. श्रुति शर्मा

INDIA • SINGAPORE • MALAYSIA

ISBN 979-8-89277-319-5

अंतर्वस्तु

अनुशंसा

साहित्य की महिमा को 'सत्यम शिवम सुंदरम' की पराकाष्ठा तक पहुँचाने में साहित्यकार, लेखक एवं विद्वानों ने युगों युगों से प्रयास किया है। संत कबीर ने साहित्य को इस स्तर तक पहुँचाने में असमर्थ बताते हुए लिखा है:

"सात समंद की मसि करौं, लेखनी सब बनराई।
धरती सब कागद करौं, तऊ हरि गुण लिखा न जाई।।"

फिर भी साहित्यकार शब्द को अमृत मानते हुए काव्य को अमर करने का सतत् प्रयास करते रहे हैं।

कोई भी लेखक अथवा कवि अपनी रचना को अपने विवेक और भावों की अभिव्यक्ति द्वारा अमर कर देना चाहता है। वह कभी जीवन कि एक डोर को पकड़ता है, कभी कभी पूरा जाल बुनता हुआ अपने भावों को 'सत्यम शिवम सुंदरम' का रूप देना चाहता है।

डॉ. श्रुति शर्मा द्वारा रचित काव्य संग्रह "राहगीर" जीवन में प्रेम के अनन्य स्वरूपों को प्रकट करने का एक प्रयास है। प्रेम के सभी रंग, संयोग-वियोग, विषाद-हर्ष, समर्पण-त्याग आदि-आदि बड़ी ख़ूबसूरती से इस संग्रह में उकेरे गए हैं। जीवन में प्रत्येक प्राणी, प्रकृति एवं अस्तित्व के संपर्क में, प्रेम के किसी न किसी रंग में रंगा होता है तथा वही रंग उसकी पहचान बन जाती है। यहाँ पर कवियत्री ने भरसक प्रयत्न किया है की सांसारिक प्रेम, आध्यात्मिक प्रेम तथा प्राकृतिक प्रेम की महत्ता को उजागर किया जाये। इस सुंदर एवं अथक प्रयत्न की जितनी

सराहना की जाये कम होगी। इस संग्रह में हमे प्रेम का हर रंग चमकता नज़र आएगा। मैं डॉ. श्रुति के इस प्रथम प्रयास को अपनी शुभकामनाएँ देता हूँ तथा पाठकों से निवेदन करूँगा की इस संग्रह में छिपे जीवन जीने के "प्रेम सूत्र" अवश्य धारण करें।

डॉ. मदन शर्मा

प्रवक्ता हिन्दी

भूमिका

"राहगीर" एक प्रेम से जन्मी कृति है जिस प्रेम के बारे में हर कोई बहुत जानता है और कोई भी सब नहीं जानता। प्रेम के भाव से कोई अनछुआ नहीं है, इसीलिए मुझे नहीं लगता की इस कृति को भूमिका की आवश्यकता है परंतु महान लेखक और कवि श्री रामधारी सिंह दिनकर जी ने कहा था "...यों भी हर चीज का कुछ ना कुछ इतिहास होता है..." इसी बात को आधार बना कर मैं अपनी प्रथम कृति "राहगीर" के बारे में यह बताना चाहती हूँ कि मैंने अपने सीमित जीवनकाल में हर भाव को हृदय से महसूस किया है चाहे वो हर्ष हो या विषाद, मेरी संवेदना और अति भावुकता कभी मुझे अभिशाप लगती थी और कभी आशीर्वाद। मैं सदैव यह विचार करती थी की क्या सभी लोग हर भाव में इतना डूब जाते होंगे और इतनी ही तकलीफ़ पाते होंगे, परंतु यह कोई दुख भरी कहानी नहीं थी बल्कि मेरी कच्ची सोच का नतीजा था, क्योंकि भाव को पन्नों पर उतारते हुए मैंने यह समझा की अति भावुकता अति हर्ष भी लाती है और अति कष्ट भी, इसी भाव को मैं अति प्रेम भी समझती हूँ। मैंने अपनी प्रथम कृति से सदैव यह अपेक्षा की थी कि मैं अपने दार्शनिक विचारों से दुनिया को प्रभावित करने की कोशिश करूँगी पर अचानक महसूस हुआ की शुरुआत सत्य से की जानी चाहिए और सत्य केवल प्रेम है। जीवनकाल में जिस भी भाव को मैंने प्रेम से जाना है उसे अपनी बुद्धि अनुसार लिखने का प्रयत्न किया है।

मेरी इस कृति के कुछ पन्ने रिश्तों, उम्मीदों, प्रकृति एवं परमसत्ता के प्रति मेरे उद्‌गार हैं तथा शेष भावप्रद हैं, अब सोचने बैठी हूँ तो लगता है की सभी भावप्रद ही हैं क्योंकि व्यक्ति और वस्तु सदाबहार नहीं है परंतु भाव प्रभु है।

इसी प्रेम के प्रभु भाव को आप निज भाव स्वरूप स्वीकारिये, मेरी ग़लतियों को अनदेखा कीजिए और भाव से जुड़िये, ऐसी आशा के साथ यह कृति आप सभी पाठकों को समर्पित करती हूँ।

आपका पठन आनंदित और भावपूर्ण हो।

डॉ. श्रुति शर्मा

1. प्रथम प्रेम माँ के स्पर्श से

प्रथम प्रेम तेरे स्पर्श से,

मुख के पावन दर्श से,

स्वर में उतरे हर्ष से,

ममता के सुखद अर्श से,

प्रतीक्षा में पारित वर्ष से,

भीति के भयंकर कर्ष से,

पीड़ा के सागर संघर्ष से,

मिलन के तीव्र तर्ष से,

नियति से निरंतर घर्ष से,

प्रथम प्रेम तेरे स्पर्श से।

अर्श= सिंहासन, कर्ष= मनमुटाव, तर्ष= इच्छा

2. वो आदमी कौन है

पीछे मुड़ के देखो, साये सा साथ चलता वो आदमी कौन है

वो जिसके चेहरे पर झुर्रियाँ है, आँखें धंसी है, कंधे झुके हैं

वो जिसने तुम्हारी ज़िद को अपनी ज़रूरत और ख्वाहिश को अपना ख़्वाब बना लिया

हर सही ग़लत फ़ैसले पर अपने तजुर्बे की मुहर को लगा दिया

तुम्हारे हिस्से की धूप ले कर अपने हाथ की छाँव का मूरख सौदा कर लिया

वो जिसने तुम्हारी नाकामियों को अपनी ताक़त बता कर छिपा लिया

ख़ुशी को चाह और ग़म को आह बना कर दुआ में समा लिया

आँखों के आंसू को अपने पलकों पर मोती सा सजा दिया

जिसने खून को पसीना और पसीने को पानी सा बहा दिया

तुम्हारे कल के लिए अपना कल, आज और कल सब गवाँ दिया

एक बेनाम जान को अपने नाम की इज़्ज़त दे कर सजा दिया

वो जो कभी किसी आराम कुर्सी पर छाती चौड़ी करके बैठता है

और कभी वृद्धाश्रम के कोने में सर झुकाए ख़ुद को कोसता है

वो जो पुरानी तस्वीरों में ना जाने क्या ढूँढता रहता है

वो जिसके चेहरे पर झुर्रियाँ है, आँखें धंसी है, कंधे झुके हैं

वो जो वक्त से पहले बूढ़ा हो गया

वो आदमी कौन है?

3. पूजा घर के फूल

ये फूल

कितना सुंदर, कितना नन्हा

मेरे बचपन का आईना

ज़रा कोमल, ज़रा चंचल

पूजा घर की आभा निश्चल

ख़ुशबू से उसकी यादें महकती

उसे देख बुलबुल साथ चहकती

परछाई डालती मन पर मासूमियत की

सहला गई मन को, जो कब से अनछुई थी सादगी।

4. काले मेघ का अंधेरा

काले मेघ का अंधेरा अपना सा लगता है मुझे
जैसे नींद बुला रही हो
अब सो जाना है
कुछ नहीं करना
सुप्ति में डूब कर सपनों में खो जाना है

काले मेघ की गर्जन दया के झरने सी लगती है मुझे
जैसे पानी आवाज़ लगा रहा हो
अब बह जाना है
कुछ नहीं कहना
सारा बोझ फेंक कर लहरों के पार हो जाना है

काले मेघ का गुज़रना आराम सा लगता है मुझे

जैसे मेरे डर का अंधेरा

निरंतर चलना है

कहीं नहीं रुकना

एक एक कदम बढ़ा कर गुज़र जाना है

काले मेघ की चमकीली परत उम्मीद सी लगती है मुझे

जैसे मेरे मन में निरंतर लगी आस

सब बेहतर होगा

आज नहीं तो कल होगा

आस की चादर लपेटे जीवन बिताना है

ये काले मेघ अपने से लगते है मुझे।

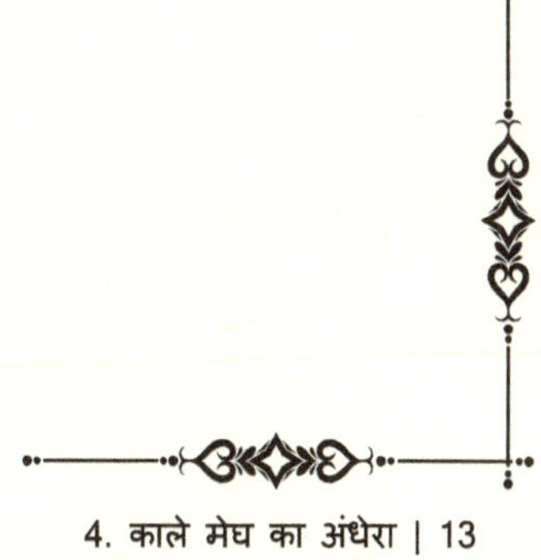

5. कोहरे का आराम

कोहरे ने भीड़ में भी कितना आराम दे दिया

ना कोई नज़र ना नज़ारा

जैसे छुट्टी, जैसे विश्राम

कुछ पेड़ अब भी झांकेंगे, बस वो ही जो तुमसे मिलने के इंतज़ार में थे

कोहरे ने खुले मैदान के भी हिस्से कर के दे दिये

बिना काग़ज़, बिना लिखा पढ़ी

अपनी ज़मीन, अपना आसमान

कुछ पंछी अब भी ताकेंगे, बस वो ही जो तुम्हारी खामोशी के प्यार में थे

कोहरे ने सबको चुप करवा दिया

ना कोई शाबाशी, ना शिकायत

जैसे सुन्न, जैसे साँझ

कुछ उँगलियाँ अब भी उठेंगी, बस वो ही जो ख़ुद की तरफ़ इशारे पे थी

कोहरे ने संसार छिपा कर तुम्हें तुम से मिला दिया

बिना उम्मीद, बिना इल्ज़ाम

जैसे ध्यान, जैसे पूजा

कुछ उम्मीदें अब भी रूठेंगी, बस वो ही जो तुम्हारी दुआ के सहारे पे थी

कोहरे ने बड़ा काम कर दिया

भीड़ की उम्मीदों से छुपाया

बिना हिस्से के नभ दिलवाया

शिकायतों के क़हर से बचाया

तुम्हें तुमसे ही मिलवाया।

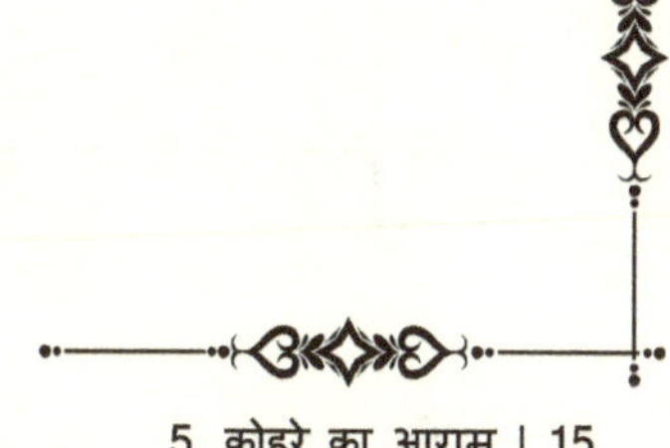

6. हृदय से हिन्दी

श्वास से शब्द

कथन से कविता

छूने से छंद

दर्शन से दर्पण

गाने से ग़ज़ल

स्वर से साहित्य

साहित्य से श्रुति

श्रुति से श्रीमद्

श्रीमद् से ज्ञान

ज्ञान से प्रेम

प्रेम से हृदय

हृदय से हिन्दी।

भाषा-प्रेम की विरासत सिर नहीं चढ़ती पर हृदय में उतर जाती है

7. तुम्हारे गीतों का सहारा

तुम्हारे गीत अनमोल मिले हैं, पर सहारा उनको दे ना सके
हम ख़ुद ही डूब रहे थे, उनको थाम सतह पर आयें हैं

पानी बर्फ सा शीत हुआ, पाँव जम गए डर से
इन सब दीपों के बीच, तुम्हारी लौ के ज़माने आयें हैं

आँच संजो कर सीने में, आँखों में धुआँ भर रखा है
मुसाफ़िर आये गये कई, हमने आंसू सहज छुपायें हैं

सिकता सिसकती रातों में, कुछ शायर रूप बखाने आये
हमने देकर शंख सीपियाँ, अपने अवगुण छिपाए हैं

आगे बढ़कर सुहाने दृश्य निहार लिए रज रज कर
पर हृदय में उन मौन राहों की चीखें अब तक दबायें हैं

अब घर तो बहुत हैं, सूने पड़े, मेलों जैसी रौनक़ कहाँ
मालूम चला है मेलों में, कई बंजारे आसरा पायें हैं

घरौंदे जो टूटे थे, अब इमारतें बन गई है सारी
पैरों में पसरे शव कौन पहचाने, जब नयन नील पर टिकाये हैं।

सुप्रसिद्ध हिन्दी कवि श्री दुष्यंत कुमार जी की ग़ज़ल "मेरे गीत तुम्हारे पास सहारा पाने आएँगे" से प्रेरित एक प्रेम भरी नादान कोशिश

8. अब तो जागें

मेरी व्यस्तता भरी बुद्धि में आज एक बेतुका ख़याल आया
उलझी हुई ज़िंदगी में सुलझा सा सवाल आया
सवाल भी क्या मानो मन के शांत समंदर में विचारों का बवाल आया
और अपने संग वो कड़वे जवाबों का ढेर सा मलाल लाया

वो भगत सिंह, वो राजगुरु, वो बोस, वो आज़ाद
वो लोग भी क्या दीवाने थे
हम जैसे ख़ुदगर्ज़ों के लिये अपनी जवानी दे गए
पर सच से वो अनजाने थे
क्या जानते थे वो कि ऐसा होगा कल का इंसान
कैसे युवा का सपना उन्होंने देखा और कितना अलग है आज का जवान
जवाँ खून अब ठंडा पड़ गया, अपने ही आलस की बलि चढ़ गया
बेकार हसरतों की ज़िद पर अड़ गया, हर जज़्बा बस बतियाते सड़ गया
झूठ आलस डर और काम, बस यही रह गए अपने नाम
उसूलों का तो ठीक ठीक लगा दिया दाम, अब तो बग़ल में छुरा और मुँह में राम

झूठ से नहीं अब सच से घबराने लगे, अपने ज़मीर की आवाज़ का गला दबाने लगे

भ्रष्टाचार और बेईमानी को दिल खोल कर अपनाने लगे, मेहनत और ईमानदारी का सरेआम मज़ाक़ बनाने लगे

उन दीवानों के सुनहरे कल के सारे सपने टूट रहे, एक एक कर उम्मीदों के सभी दामन छूट रहे

हमारी आज़ादी के लिए जान की क़ुर्बानी देने वाले जन्नतों में भी रो रहे

और हम आँखें मूँद कर काली गहरी लापरवाह नींद में सो रहे

आख़िर इतने ख़ुदगर्ज़ हम क्यों हो रहे आने वाले कल का सुनहरा सपना अपने ही हाथों से खो रहे

कब तक हम यूँ ही इन सभी सवालों को भगायेंगे

कब अपने अंदर के सोये हुए इंसान को जगायेंगे

वक्त की पुकार है सच से नहीं अब झूठ से डर के भागें

बहुत हो गया, अब तो इस काली गहरी लापरवाह नींद से जागें

अब तो जागें।

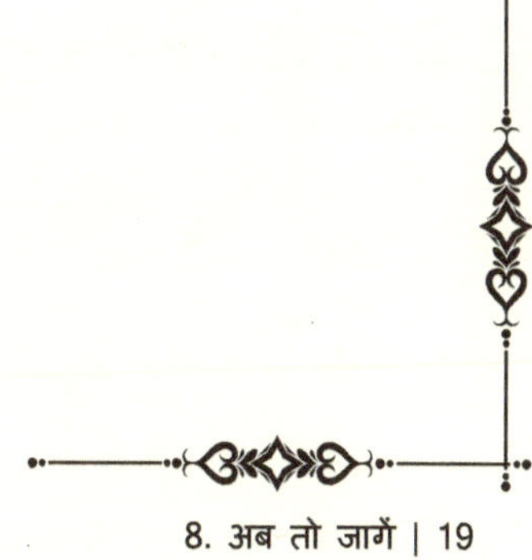

9. मुट्ठी भर उम्मीद

दुनिया से हार चुके उस मायूस इंसान को क्या चाहिये

ना हाथ ना सहारा

ना झूठा साथ तुम्हारा

बस वो ख़ुद से जीत जाएगा, ऐसी एक मुट्ठी उम्मीद चाहिए

मौत की चौखट पर खड़े उस बेबस इंसान को क्या चाहिये

ना दवा ना दुआ

ना वजह ये क्यों हुआ

बस मरने से पहले भरपूर ज़िंदगी जी पाएगा, ऐसी एक मुट्ठी उम्मीद चाहिये

तनहा चलते हुए उस थके इंसान को क्या चाहिए,

ना राहों में सहूलियत का वादा

ना मंज़िल तक पहुँचने का दावा

बस राह बाँटने वाला एक हमसफ़र मिल जाएगा, ऐसी एक मुट्ठी उम्मीद चाहिये

धोखा खाए बैठे उस टूटे दिल इंसान को क्या चाहिए

ना हमदर्दी, ना दिलासा

ना तुम्हारा अफ़सोस ज़रा सा

बस सच्चा प्यार ख़ुद-ब-ख़ुद पता ढूँढता आएगा एक दिन, ऐसी एक मुट्ठी उम्मीद चाहिये

पति के प्रेम को तरसती उस निराश पत्नी को क्या चाहिए

ना कपड़ा, ना गहना

ना किसी महल में रहना

बस नफ़रत भरी निगाह नेह में बदल जाएगी एक दिन, ऐसी एक मुट्ठी उम्मीद चाहिये

झुके कंधे और झुर्रियों भरे चेहरे लिए माता पिता को क्या चाहिए,

ना प्रशंसा, ना वक़्त

ना जीवन में कोई हक़

बस औलाद उनके प्रेम और त्याग को समझ जाएगी एक दिन, ऐसी एक मुट्ठी उम्मीद चाहिये

भूख और ग़रीबी के मारे उस दुर्बल शरीर को क्या चाहिए

ना भीख ना पैसा

ना लिहाज़ कोई कैसा

बस अपनी आँखों में आस की रोटी सेक पाएगा, ऐसी एक मुट्ठी उम्मीद चाहिये

सूरज की चुभती रोशनी से धुँधलाती किसान की आँखों को क्या चाहिए

ना खेती से बड़ा कोई काम

ना अनाज का दुगना दाम

बस जल्द ही फसलें खिलाने मेघ जमकर अमृत बरसाएगा, ऐसी एक मुट्ठी उम्मीद चाहिये

कोरे काग़ज़ पर स्याही से सोच को उकेरते मुझ जैसे कवि को क्या चाहिए

ना नाम ना दौलत

ना इज़्ज़त ना शोहरत

बस सबको अपने हिस्से की उम्मीदें मिल जायेंगी एक दिन, ऐसी एक मुट्ठी उम्मीद चाहिये।

10. इस काले युग में

इस मतलब के संसार में, इस पापों के हाहाकार में, इस काले युग में
द्रौपदी को दुशासन तो कई मिले पर कृष्ण बनकर कोई नहीं आया

बतियाता रहा ज़माना उसके जिस्म के दाग देखकर
पर आत्मा की पवित्रता को कोई नहीं कह पाया
शर्म का बोझ तो समझा समाज ने उसे
पर दर्द के भारी वज़न को कोई नहीं सह पाया
उन भयानक हादसों की सुनवाई हुई बार बार
पर वक्त पर उसकी चीखें कोई नहीं सुन पाया
आंसुओं को उसके दिखावा समझा सबने
पर ग़म में उसके पलकें कोई नहीं भिगा पाया
आँखों में नशा आंकने की भरपूर कोशिश की सबने
पर उनमें डर का मंज़र किसी को नज़र नहीं आया
वस्त्रों की लंबाई पर बहस हुई बराबर
पर दर्द की गहराई का माप किसी को समझ नहीं आया

चरित्रहीन बता कर उसे न्यायाधीश तो सब हुए
पर किसी ने ख़ुद को उसके सम्मान का वकील नहीं बनाया
उसकी तकलीफ़ का ज़िम्मेदार उसे ही बताया
पर सुरक्षा का ज़िम्मा किसी ने नहीं उठाया
उन हैवानों की बात करे या ना करे ज़माना
पर उसका नाम तो किसी ने नहीं भुलाया
बुरा सपना समझ भूल जाना चाहती थी जिसे
उसी भयानक हक़ीक़त का चेहरा सबने बार बार याद दिलाया

इस मतलब के संसार में, इस पापों के हाहाकार में, इस काले युग में
द्रौपदी को दुशासन तो कई मिले पर कृष्ण बनकर कोई नहीं आया।

प्रेम के रंगों में एक रंग सत्य, क्रांति, विद्रोह और क्रोध का मिलाजुला रंग भी है। यह रंग अगर समाज को आईना दिखा सके तो यह कविता सार्थक है

11. स्त्री

थोड़ी असली, थोड़ी दिखावा
थोड़ी सच, थोड़ी छलावा

थोड़ी मन, थोड़ी काया
थोड़ी सादगी, थोड़ी माया

थोड़ी लफ़्ज़, थोड़ी लाज
थोड़ी कल, थोड़ी आज

थोड़ी शांत, थोड़ी शोर
थोड़ी मँझधार, थोड़ी छोर

थोड़ी तेरा मेरा आईना
थोड़ी सच जो कभी बताये ना

थोड़ी हृदय, थोड़ी चालाक
थोड़ी चुप, थोड़ी बेबाक़

थोड़ी अपनी, थोड़ी तेरी
थोड़ी तेरी, तो बस तेरी

थोड़ी मन, थोड़ी दर्पण
थोड़ी संयम, थोड़ी समर्पण

थोड़ी गुम, थोड़ी ठौर
थोड़ा है, थोड़ा और।

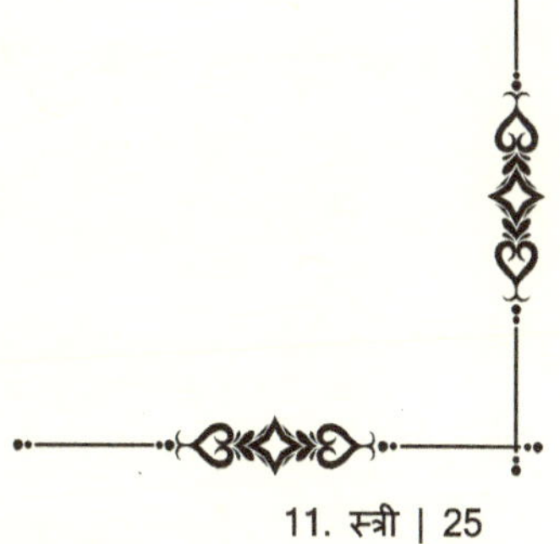

12. एक खूबसूरत रचना

एक दिन यूँ ही कुछ सोचते सोचते
समझ के पिटारे में कुछ खोजते खोजते
एक अनावश्यक विचार आया
कौन हूँ मैं?

क्या वो शरीर, जो माँ की कोख से अस्तित्व में आता है
जिसे भूख और प्यास है, जो आजीवन कर्म निभाता है
जिसे चोट और बीमारी लगती है, और सभी तकलीफ़ें उठाता है
धीरे धीरे बढ़ता है और आख़िर मिट्टी में मिल जाता है

क्या वो बुद्धि, जो सोच और तर्क से जानी जाती है
जो अच्छा बुरा, ग़लत सही, सबकी पहचान बताती है
जो भावनाओं से परे, सत्य की खोज में लग जाती है
जो हर मुश्किल का हल, और सब सवालों के जवाब ढूँढ लाती है

क्या वो मन, जो भावनाओं और विचारों का जन्मदाता है
सही ग़लत की समझ नहीं, केवल सुख और दुख से नाता है
अपना हो या पराया, हर दर्द हर ख़ुशी मनाता है
सभी भावनाओं से प्रभावित हो, मेरा व्यक्तित्व बनाता है

क्या वो आत्मा, जिसका ना कोई रूप बताया जा सकता है
जो ना जन्म लेती है, और ना ही उसे मिटाया जा सकता है
जिसे भूख प्यास का अर्थ नहीं, ना सुख दुख समझाया जा सकता है
जिसे ना किसी से कोई शिकायत, और ना ही उसे अपनाया जा सकता है

तो कौन हूँ मैं?
शायद एक रचना
पृथ्वी, जल, आकाश, वायु, अग्नि को मिलाया गया
कर्म करने के लिए शरीर
तर्क करने के लिए बुद्धि
महसूस करने के लिए मन
और रचनाकार को पहचानने के लिये आत्मा से सजाया गया
हाँ यही हूँ मैं
एक खूबसूरत रचना हूँ मैं।

13. मैं ज्ञान कहूँ तुम कृष्ण समझना

मैं ज्ञान कहूँ तुम कृष्ण समझना
भगवत् मिलन की तृष्ण समझना
जो नटखट भी है, रास रचाये
गीता महान ज्ञान सुनाये
विराट रूप से सभा डराये
करमों का सहसा बोध कराये
ऐसा साँवल ज्ञानी भीष्ण समझना
मैं ज्ञान कहूँ तुम कृष्ण समझना।

मैं प्रेम कहूँ तुम त्याग समझना
राधा की चरण पराग समझना
जो दैन्यता की मूरत आसीस लुटाये
प्रेम का जग को अर्थ बताये
हृदय में रखे कृष्ण बसाये
नाम से जिसके मुक्ति मिल जाये
ऐसी ममता का अनुराग समझना
मैं प्रेम कहूँ तुम त्याग समझना।

मैं शून्य कहूँ तुम महादेव समझना
ध्यान में चित्त सदैव समझना
भूत पशु नर सबको अपनाये
देवों के देव, कालों में महाकाल कहलाये
भोलेपन में संसार लुटाये
क्रोध में अखिल धरा कंपकंपाए
ऐसे भोले का हृदय समझना
मैं शून्य कहूँ तुम महादेव समझना।

मैं शक्ति कहूँ तुम सती समझना
प्रेम में प्राणों की आहुति समझना
तप कठोर में जन्मों बिताये
प्रेम के सम्मान में संजीवनी लुटाये
गौरी बन परिवार निर्वाहे
काली बने तो रक्त पी जाये
ऐसे तप की गति समझना
मैं शक्ति कहूँ तुम सती समझना।

14. पहली बर्फ के अभिराम दृश्य

वो पहली बर्फ के अभिराम दृश्य याद है मुझे

साँसों में शीत लहर भर रही थी

श्वेत चादर हर त्रुटि को ढक रही थी

पास जलती आग की लपटें सीने में आस भर रही थी

चूल्हे पर उबलती चाय उस रात कुछ ख़ास लग रही थी

ऊन में कब से क़ैद हाथ पैर अभी भी वैसे ही ठिठुर रहे थे

चाँदी चंद्रमा से रूठे सब सुनहरे सूरज की राह तक रहे थे

उस काले अंधेरे में चमकती बर्फ किसी को लुभा रही थी, किसी को डरा रही थी

और मैं ठिठुरते हाथ, शीत साँस, ऊष्म हृदय लिए क्षण क्षण प्रेम में स्वयं को पा रही थी

अब भी याद है मुझे, वो पहली बर्फ के अभिराम दृश्य!

15. राहगीर

मंज़िल से पीछे मुड़ मुड़ कर देख रही थी वो

ना जाने दिल ही दिल में क्या सोच रही थी वो

मुक़ाम पा जाने की ख़ुशी छलक रही थी आँखों से शायद

या राहगीर से बिछड़ने को रो रही थी वो

आँखों में आँसू, चेहरे पर मुस्कान सजाये खड़ी थी वो
अधरों को थोड़ा हिलाती, पलकें झुकाती, फिर आंसू पोंछती वो
मंज़िल पा जाने की ख़ुशी में कुछ कहना चाहती थी शायद
या राहगीर से आख़िरी बार कुछ कहने को शब्द जोड़ रही थी वो

उसके ओझल होने तक एकटक कुछ निहारती रही वो
उसके गुम होते ही आँखें बंद कर लंबी आहें भरती रही वो
सफ़र के ख़त्म होने पर ख़ुदा का शुक्र अदा कर रही थी शायद
या राहगीर की प्रतिमा को आँखों में संजो रही थी वो

उसके गुम होते ही हर ओर कुछ टटोलती रही वो
अपने नये जहां को देखती, फिर मुड़ती, फिर मुस्कुराती वो
मंज़िल पर पहुँच कर राहें देख कर इतरा रही थी शायद
या राहगीर के साथ को याद कर मुस्कुरा रही थी वो

उस खयालों के कारवाँ में, एक याद ने मानो फिर से उसे ज़िला दिया
राहगीर की चिट्ठी से झांकते शब्दों को उसने अपनी साँसें बना लिया
पर क्या खूब लिखा था उस राहगीर ने जाते जाते
की "चंद लम्हों के साथी से दिल लगाये नहीं जाते"।

16. मैं काव्य कठिन तू कविता आसान

मैं झूठी हंसी, तू सच्ची मुस्कान
मैं काव्य कठिन, तू कविता आसान

मैं थकी राहगीर, तू मुसाफ़िर जुनूनी
मैं मंज़िल बेचैन, तू राह सुकूनी

मैं ख़ामोश कुआँ, तू लहरों का शोर
मैं अंधेरी रात, तू रोशन चारों ओर

मैं दिल जलाती, तू रूह का चैन
मैं हताश दुपहर, तू सपनों भरी रैन

मैं झूठी शान, तू सच्चा ईमान
मैं कच्ची इमारत, तू पक्का मकान

मैं पिंजरे का पंछी, तू ऊँची उड़ान
मैं ज़मीन का टुकड़ा, तू खुला आसमान

मैं बंजर धरती, तू लहलहाती फसल
मैं पल पल मरती, तू ज़िंदा हर पल

मैं दागी चादर, तू चुनर झीनी
मैं नक़ली सुगंध, तू महक भीनी

मैं ग़लत हर लिहाज़, तू सही की परिभाषा
मैं मौत तलाशती हर दम, तू जीने की आशा

मैं डरपोक रात, तू सलोना सपना
मैं ख़ुद से दूर भागूँ, तू हर दम अपना

मैं मोह का बंधक, तू ज्ञान का सागर
मैं प्यासा जन्मों का, तू अमृत भरी गागर

मैं पुरानी सदी, तू अनमोल लम्हा
मैं सूरज की तपिश, तू निर्मल चंद्रमा

मैं झूठी हंसी, तू सच्ची मुस्कान
मैं काव्य कठिन, तू कविता आसान।

17. मोह का धागा

चाहे, हाथ कटे, या लहू बहे, या ज़ख़्म लगे

ये दामन तो अब छोड़ना होगा

ए पगले मन, मोह का धागा

अब तुझे तोड़ना होगा।

चाहे साँस छूटे, या आस टूटे, या उम्मीद रूठे
ये दर्द तो अब सहना होगा
ए पगले मन, मोह का धागा
अब ना तेरा गहना होगा।

चाहे राह मुड़े, या आह अड़े, या चाह लड़े
ये काम तो अब करना होगा
ए पगले मन, मोह का धागा
अब मन से जुदा करना होगा।

चाहे रात ढले, या शाम छले, या उदासी सुबह भरे
ये ख़्वाब तो अब तजना होगा
ए पगले मन, मोह का धागा
अब और कहीं सजना होगा।

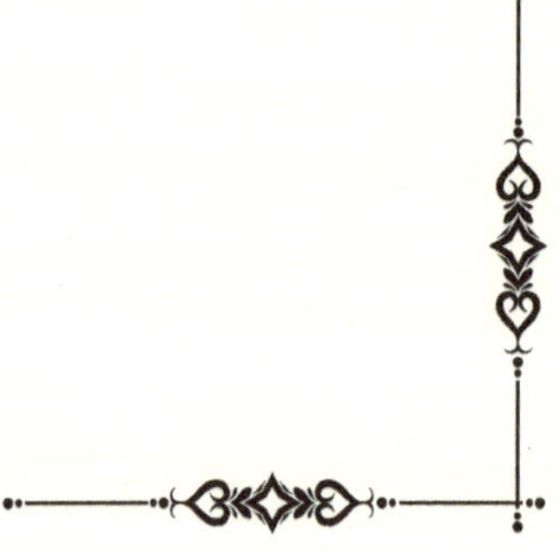

18. यूँ नहीं

यूँ नहीं की आस कम है
यूँ नहीं की एहसास थम गए
यूँ नहीं की भाव सम गए
बस नाम लेने की आदत नहीं।

यूँ नहीं, ना कोई ग़म है
यूँ नहीं ना आँख नम है
यूँ नहीं ना नाम रम है
बस फ़रियाद करने की नीयत नहीं।

यूँ नहीं की सुबह ढल गई
यूँ नहीं की शाम छल गई
यूँ नहीं की रात निकल गई
बस तारों की गिनती अब याद नहीं।

यूँ नहीं, मैंने आह तोड़ दी
यूँ नहीं तुमने राह मोड़ दी
यूँ नहीं हमने चाह छोड़ दी
बस राहगीर का हमसफ़र होना मुमकिन नहीं।

यूँ नहीं की उम्मीद टूटी है
यूँ नहीं की क़िस्मत रूठी है
यूँ नहीं की लगन झूठी है
बस ख़्वाबों का दामन छूटता नहीं।

यूँ नहीं की इकरार मुश्किल है
यूँ नहीं की इनकार मुनासिब है
यूँ नहीं की तकरार नामंज़ूर है
बस नसीब से लड़ने की ताक़त नहीं।

19. ये तय है

क्या चाहिए, पता नहीं
हाँ पर कुछ कम है, ये तय है
क्यों शाम उदासी भरती है, पता नहीं
हाँ पर आँख नम है, ये तय है।

कहाँ भटकते है ख़याल मेरे, पता नहीं
हाँ पर चाल मद्धम है, ये तय है
किस गली जाना है राहगीर को, पता नहीं
हाँ पर सफ़र में कदम है, ये तय है।

कौन दस्तक देता है ख़्वाबों की खिड़की पर, पता नहीं
हाँ पर नींद में तेरी यादों का पहरा है, ये तय है
कौन सी रेखा है मेरी हथेली पर पता नहीं
हाँ पर तेरे नाम का रंग गहरा है, ये तय है।

कैसे तू हर जगह दिखता है, पता नहीं
हाँ पर सोच में हर दम है, ये तय है
कब होंठों पर दिल की बात आएगी, पता नहीं
हाँ पर हाथ में क़लम है, ये तय है।

प्रेम में लिपटे सभी सवालों 'क्या, क्यों, कहाँ, किस, कौन, कैसे, कब' का जवाब अक्सर प्रेम ही होता है।

20. तेरा ज़िक्र

नफ़रत नहीं है दिलों में
बस होंठों पर इनकार है
अहम की लड़ाई नहीं
बस डर की डाली दरार है

एक तरफ़ा मोहब्बत नहीं
बस दो तरफ़ा शिकायत है
एक दूसरे के ख़िलाफ़ नहीं
बस बातों में रिआयत है

कमी नहीं है कोई अकेले
बस क़िस्मत से नासाज़ हैं
ख़फ़ा नहीं एक दूजे से
बस ख़ुद से नाराज़ हैं

झूठ नहीं है बातों में
बस सच कहने का जिगर नहीं
हर बात में उनका क़िस्सा है
बस उनके नाम का ज़िक्र नहीं

तो नफ़रत नहीं है दिलों में, बस होंठों पर इनकार है।

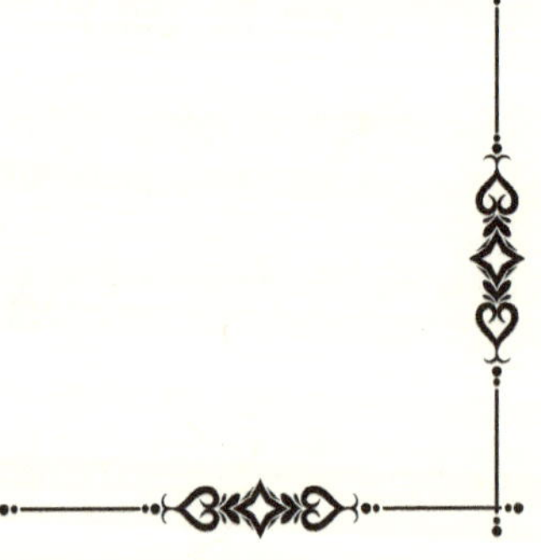

21. मैं वहीं मिलूँगी

ग़र फ़ुरसत के दो पल समेट पाओ, तो मेरी किताबों के पन्ने पलटना
मैं वहीं किसी लफ़्ज़ की ख़ुशबू में खोयी मिलूँगी
ग़र समय से दो कल उधार माँग लाओ, तो मेरी क़लम से बतियाना
मैं वहीं किसी स्याही के क़तरे में लहू सी घुली मिलूँगी

ग़र साहस के दो तिनके बुन पाओ, तो मेरी गली से गुज़रना
मैं वहीं किसी पंछी के घरौंदे सजाती मिलूँगी
ग़र प्रेम के दो मनके चुन पाओ, तो मेरी ओर हाथ बढ़ाना
मैं वहीं किसी अधूरी माला को पिरोती मिलूँगी

ग़र नियत के दो क्षण ढूँढ पाओ, तो हमारी बातों को मन में दोहराना
मैं वहीं किसी झुकी नज़र में सब कहती मिलूँगी
ग़र नियति के दो मण चुरा लाओ, तो मेरी आँखों के सपने निहारना
मैं वहीं हमारे ख़्वाबों की नदी में बेसुध बहती मिलूँगी।

22. अब के जो आओ

अब के जो आओ, तो मेरी कुछ चीज़ें संग लेते आना
बहारें रख लो बेशक, वो अनमोल रंग लेते आना
मेरे ख़यालों की इमारतें आकाश से भी ऊँची
बुलंदी रख लो बेशक, वो मासूम गलियाँ तंग लेते आना

अब के जो आओ, तो मेरी कुछ यादें समेट लाना
हंसी रख लो बेशक, वो आंसुओं की निर्मल धारा लेते आना
मेरी भावनाओं का समंदर, समय से भी गहरा
गहनता रख लो बेशक, वो सतही अल्हड़पन सारा लेते आना

अब के जो आओ, तो मेरी कुछ बातें बटोर लाना
बेबाक़ बोली रख लो बेशक, वो शर्मीले शब्द अधूरे लेते आना
मेरी भाषा का स्वाद, बखान से भी पार
मीठे बोल रख लो बेशक, वो कड़वे सत्य पूरे लेते आना

अब के जो आओ, तो मेरे कुछ ख़्वाब बांध लाना
सुनहरे सपने रख लो बेशक, वो रात गहरी लेते आना
मेरे ख़्वाबों की छलांग, माप से भी बेहद
बाज़ सी उड़ान रख लो बेशक, वो फूलों पे तितली ठहरी लेते आना

अब के जो आओ, तो मेरे कुछ वादे लेते आना
पक्की सोच रख लो बेशक, वो कच्ची अकल लेते आना
मेरे वादों की रसम, हर क़सम से सच्ची
क़समें रख लो बेशक, वो विश्वास अटल लेते आना

अब के जो आओ, तो मेरी कुछ चीज़ें संग लेते आना
बहारें रख लो बेशक, वो अनमोल रंग लेते आना।

23. फिर शाम हो गई

एक बात थी तुमसे कहने की, बड़ी देर से लब पे आयी थी
एक रात थी सुन्न सी बहने की, आलोक के डर से छायी थी
इसे कहने दूँ या बहने दूँ, सोचते सोचते फिर शाम हो गई

एक नज़र थी बेक़रार मिलने को, समझ से लड़ के आयी थी
एक ग़ज़ल थी फ़रार सुनाने को, लय से अड़ के गाई थी
इसे लड़ने दूँ या अड़ने दूँ, सोचते सोचते फिर शाम हो गई।

एक साँस थी हद पे जलने की, बस आस ने अब तक बचाई थी
एक आस थी ज़िद पे जीने की, बस नसीब से हारी लड़ायी थी
इस जलने दूँ या जीने दूँ, सोचते सोचते फिर शाम हो गई।

एक नाम था लब से जाने को, पर दुआ में बराबर आता था
एक जाम था लब पे आने को, रिंद से बचाकर पाता था
इसे आने दूँ या जाने दूँ, सोचते सोचते फिर शाम हो गई।

एक साँझ थी बेख़्याल बिताने को, ख़्वाबों को उलझाकर पानी थी
एक सुबह थी बेताब आने को, ख़्वाबों को सुलझाकर आनी थी
इस सुलझने दूँ या उलझा दूँ, सोचते सोचते फिर शाम हो गई।

24. मैं निकल पड़ी तुमसे मिलने

एक दिन सब छोड़ छाड़
हृदय से दी शंका निकाल
आँखों में सपने लिये विशाल
मैं निकल पड़ी तुमसे मिलने

मन को तनिक मना कर
भय को देख अनदेखा कर
स्वयं को ज़रा फुसलाकर
मैं निकल पड़ी तुमसे मिलने

जैसे तैसे शब्द जोड़कर
हिम्मत की हर बूँद निचोड़ कर
नियति की अंतिम गुल्लक तोड़ कर
मैं निकल पड़ी तुमसे मिलने

तर्क को घर पे ताला मार
सत्य को भ्रम का हाथ थमा
स्वमान सारा निगलकर
मैं निकल पड़ी तुमसे मिलने

सब भजन-ज्ञान भूल दिये
कृष्ण-राम अनसुने किए
एक तेरे नाम का जप कर
मैं निकल पड़ी तुमसे मिलने

मन में प्रेम बसाकर
आँखों में आस समाकर
तेरी आवाज़ का अनुसरण कर
मैं निकल पड़ी तुमसे मिलने

पर तेरे दर पर देखा, दीवार लगी थी ऊँची
जिस पर फ़िज़ूल शर्तों की फ़ेहरिस्त टंगी थी नीची
प्रेम, राग और अनुपम साथ, इसका तो कोई ज़िक्र नहीं
उन क्षणिक शर्तों की सच पूछो तो मुझको कोई फ़िक्र नहीं
तब तुम्हारे दरवाज़े पर लज्जित खड़ी थी अकेले
भक्ति, युक्ति, शक्ति छोड़, आसक्ति संग अकेले
तुम्हारा वह रूप देख कर मैं स्वयं को पहचान पायी
जो भूल गई थी सहसा ख़ुद को वो आईना दिखलायी
याद आ रहा है प्रभु अभी, स्वाभिमान के बिना चैन नहीं
मेरे लिये पवित्र प्रेम बिना कोई दिन नहीं कोई रैन नहीं।

25. तेरी राह मेरा घर

जिस चाँद को एक दफ़ा हसीन कहा था तुमने
फिर उसी पे लफ़्ज़ लुटाते थे हम
वो रात जब तुम जुगनू से गुम हुए
अब उसी चाँद से दिल जलाते है हम।

जिस राह पर तुम दिख जाते थे दूर से
फिर उसी को घर बनाते थे हम
और देख कर भी बेपरवाह चल दिये जहाँ
अब उसी राह से डर जाते हैं हम।

जिस ख़्वाब को यूँ ही अपना कहा था तुमने
फिर उसी को हर दुआ में दोहराते थे हम
सहसा ही मेरी प्रार्थना पर हंस दिये जब
अब उसी ईश्वर से नज़रें चुराते है हम।

तुम पुकारते थे प्रेम से रह रह कर मेरा नाम
फिर उसी नाम से ग़ज़लें सुनाते थे हम
तुम करने लगे शिकायत कह कह कर मेरा नाम
अब उसी नाम को सबसे छुपाते हैं हम।

26. जिसने सँभाला, उसे भी सँभालना

जिसने सँभाला, उसे भी सँभालना
जो ना भी सम्भाल सको
तो छोटी छोटी ख़ुशियाँ लुटाना
जो ख़ुशी पर हक़ ना दे सको
तो ग़म ही थोड़ा थोड़ा बतलाना
जो ग़म कहने को लफ़्ज़ ना बुन सको
तो आँखों से हल्के हल्के समझाना
जो आँखें मिलाने का नसीब ना जुटा सको
तो ख़्वाबों में गुप चुप बतियाना
और जो ख़्वाबों का भी छोर ना पा सको
तो दुआओं में यदा कदा बुलाना
पर जिसने सँभाला, उसे भी कभी सँभालना।

उभरते कवि पुनीत अत्री के अनमोल ख़याल "जिसने सम्भाला उसे भी सम्भालना" से प्रेरित।

27. मैं...तुम...हम?

मैं
और तुम
तुम और मैं
फिर कहीं मिले तो
क्या कहेंगे कुछ सोचा है?
ज़िद्दी मन को किस तरह बहलायेंगे?
कब तक बेवजह मुस्कुरा कर वक़्त बितायेंगे?
फिर भी निःसहाय आंसू कितनी देर रोके जाएँगे?
खामोशी की अभेद्य रेखा कि मर्यादा कैसे रख पायेंगे?
हमसफ़र नहीं हम, यह नियति का लेख कैसे सह जाएँगे?
क्या तुमने सोचा है, फिर मिले, तो कैसे जुदा रह पायेंगे?

...

हर बंधन के पार है स्नेह हमारा, इसी सोच को जगायेंगे
हमसफ़र नहीं, हमदर्द हैं, इसी सत्य से नियति को अपनायेंगे
खामोशी को मर्यादा का बोझ नहीं, सम्मान समझ निभायेंगे
आंसुओं को पलकों पर मोतियों की तरह सजायेंगे
मुस्कान को मासूमियत की हसीन वजह दिलायेंगे
ज़िद्दी मन को भोलेपन से समझायेंगे
बस अभी यही सोचा है
फिर कभी मिले तो
तुम और मैं
मैं, तुम
हम।

हर पंक्ति के संग बढ़ते शब्दों की गिनती और प्रश्नों की जटिलता और वैसे ही हर उत्तर संग घटती शब्दों की गिनती और मन की उलझन

28. काश

काश की मेरे कदमों से राह तुम चुन पाते
फिर उन राहों पर कुछ दूर तुम भी साथ आते
और अपना मुक़ाम मेरी मंज़िल में ढूँढ पाते
तो मेरा भी सफ़र कुछ हसीन हो जाता।

काश की मेरी आँखों में तुम झांक पाते
फिर नैनों की खिड़की से मेरे ख़्वाब साँझ पाते
और उन ख़्वाबों में अपनी छवि निहार पाते
तो मेरे भी सपने कुछ हसीन हो जाते।

काश की मेरे मन के गीत तुम सुन पाते
फिर उस गीत में तुम अपने बोल मिलाते
और उस धुन को हम साथ गुनगुनाते
तो मेरी भी कविता कुछ हसीन हो जाती।

काश की मेरी बेहिसाब बातें तुम सुन पाते
फिर मेरे लफ़्ज़ों की आवाज़ पहचान पाते
और उस आवाज़ में फैली खामोशी समझ जाते
तो मेरे भी बोल कुछ हसीन हो जाते।

काश की मेरी ज़िंदगी में तुम आ पाते
फिर मेरी ज़िंदगी का कोना कोना सजाते
और मेरी ज़िंदगी का आधार ही तुम बन जाते
तो मेरी भी कहानी कुछ हसीन हो जाती।

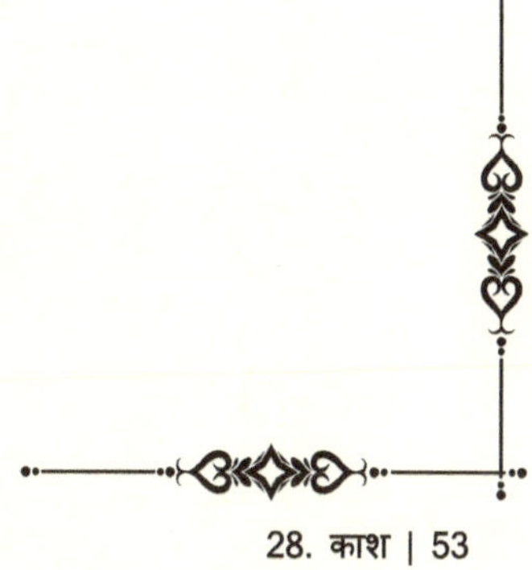

29. कभी एक कविता मेरी लिखना

कभी एक कविता मेरी लिखना

शब्द भले कम हो

भाव भले सम हो

लय भले मद्धम हो

बस प्रेम में आँखें नम दिखना

कभी एक कविता मेरी लिखना।

कभी एक कहानी मेरी कहना

किस्से भले अल्प हो

कष्ट भले कल्प हो

कार्य भले प्रकल्प हो

बस सत्य का संकल्प गहना

कभी एक कहानी मेरी कहना।

कभी एक स्वप्न मेरा बुनना
रात भले बेरंग हो
सुप्ति में मलंग हो
भीति भले संग हो
बस आस की सतरंग ऊन चुनना
कभी एक स्वप्न मेरा बुनना।

कभी एक विचार मेरा करना
सोच में भले युक्ति हो
मन में भले मुक्ति हो
चित्त में भले भक्ति हो
बस हृदय में आसक्ति भरना
कभी एक विचार मेरा करना।

कभी एक क्षण मुझमें जीना
साँस भले संक्षिप्त हो
आस में भले लिप्त हो
वो क्षण भले क्रिप्त हो
बस संतोष भरे तृप्त सीना
कभी एक क्षण मुझमें जीना।

30. अश्कों की गर्मी

की मेरा ज़िक्र करो कभी, तो लफ़्ज़ों में शिकायत भले हो

पर शिकायत में रियायत नहीं होनी चाहिए

दिल खोल कर बोलोगे, तो शिकवों का कहना भी सम्मान हो जाएगा।

की मुझे याद करो कभी, तो आँखों में नमी भले हो

पर नमी में गर्मी नहीं होनी चाहिए

संवेदना से याद करोगे, तो आंसुओं का बहना भी आसान हो जाएगा।

की मुझे भूल जाने की ज़िद पे हो कभी, तो क़सम भले लो

पर क़सम में नफ़रत की रसम नहीं होनी चाहिए

स्नेह भरे मन से भूलोगे, तो क़समों का भी दिल पे एहसान हो जाएगा।

की बुलाने की चाह लिए हो कभी, तो आवाज़ भले दो

पर आवाज़ में शर्तों का साज़ नहीं होना चाहिए

ईमान से बुलाओगे, तो तुम्हारे मौन का भी मुझ को एहसास हो जाएगा।

31. तीर सा क्षण

वो क्षण,

धँसा हुआ है सीने में

आज भी किसी तीर सा

छू कर देखो, लहू बहेगा ऊष्मा से भरा

ये गर्मी ज़हर की है या दर्द की, कैसे पहचानें

दवा करायें या दुआ लगायें, कैसे पहचानें?

32. क्या कविता क्या बारिश क्या चाँदनी सुहानी

मेरा पसंदीदा शहर

मौसम

गलियाँ

सब छूट गए मुझसे

वो जबसे तुमने अजनबी बताया है

क्या कविता

क्या बारिश

क्या चाँदनी सुहानी

मनाती मुझको

मेरा तो मन भगवान से भी लड़ आया है।

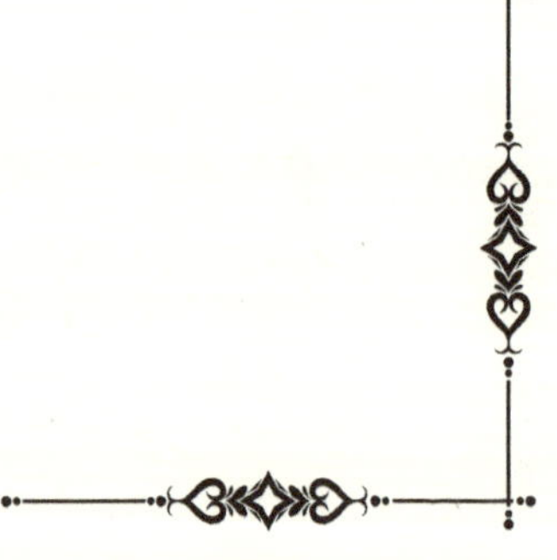

33. तेरे मन में मेरा कोना

मुझे तेरे मन में एक कोना देना
वो जहां छल ना हो
खोटे खरे की शर्त ना हो
वो जहां आडंबर ना हो
तेरा मेरा पैग़म्बर ना हो
वो जहां तू मुझसे मिले
बिन दर्द के कोई झमेले
वो जहां उम्मीद जागे
बग़ैर मोह के कँटीले धागे
वो जहां से हर ओर सवेरा
रहे ताकता आनन अंधेरा
वो जहां ना कोई सरहद
वचन निर्मल, निश्छल, अनहद
वो जहां हम जहां बसाये
तेरे मन के कोने में मेरा सराय।

34. प्रभु सा प्रेम

प्रेम कैसा है?
प्रेम प्रभु सा है
शिव सा इंतज़ार, शक्ति सा तप
भगवान सा भरोसा, भक्त सा जप
कृष्ण सा मोह, राधा सी मुक्ति
उद्धव सा ज्ञान, गोपियों सी भक्ति
भोजराज सी मित्रता, मीरा सा जोग
राम सी मर्यादा, सीता सा योग
लक्ष्मण सा हठी, उर्मिला सा धैर्य
उत्तरा सा अधीर, अभिमन्यु सा शौर्य
भरत सी प्रतीक्षा, हनुमान सा अनुराग
दशरथ सी आसक्ति, श्रवण सा वैराग
प्रेम निश्चित ही प्रभु सा है।

35. नीयत मापने के पैमाने

सोचूँ की तेरी ज़ुबान पर मेरे ही फ़साने होते
और हर फ़साने से हज़ार नये क़िस्से सुनाने होते
हम भी कह देते दो लफ़्ज़ बिना डरे तुमसे
ग़र नीयत मापने के भी पैमाने होते

देखूँ की तेरी आँखों में मेरे ही ख़्वाब होते
और हर ख़्वाब में उम्मीदों के अनंत सैलाब होते
हम भी बुन लेते दो सपने संग तेरे
ग़र काली रात के अंजाम भी आफ़ताब होते

सुनूँ की तेरी धड़कन में मेरे ही साज़ होते
और हर साज़ में किसी कल के एकल राज़ होते
हम भी जी लेते दो पल बिन तेरे
ग़र दर्द भरी कहानी के भी हसीन आग़ाज़ होते।

36. एक तुम ही तो गए हो

ये बारिश की आवाज़ मन को क्यों नहीं सुनती अब
ये चाय की ख़ुशबू रूह को क्यों नहीं चुनती अब
एक तुम ही तो गए हो हाथ छोड़ कर मुँह मोड़ कर
ये रातों की नींद सपने क्यों नहीं बुनती अब?

ये यादों की बारात मन को क्यों नहीं बहलाती अब
ये तेरे नाम की आवाज़ धड़कन क्यों नहीं बढ़ाती अब
एक तुम ही तो गए हो यादें भुला कर दिल डूबा कर
ये सुनहरे कल की उम्मीद दिल को क्यों नहीं सहलाती अब?

ये कलम से उकेरी कहानी ज़ख़्म क्यों नहीं भरती अब
ये काग़ज़ की नवीन महक मदहोश क्यों नहीं करती अब
एक तुम ही तो गए हो रचना अधूरी कथा अनसुनी कर
ये कविता हमारी होकर भी शृंगार से क्यों नहीं सँवरती अब?

37. क्या तुम भी?

क्या तुम भी कभी किसी हसीन मोड़ से गुज़रते हो
तो सोचते हो की मैं साथ होती तो बात कुछ और होती
क्या तुम भी कभी किसी सपने में मुझे देखते हो
और तय नहीं कर पाते की आस बँधाये या क़िस्मत पर रोयें
क्या तुम भी कभी कहीं मेरा नाम देख लेते हो
और अचानक ही यादों की एक बड़ी लहर से टकरा जाते हो
क्या तुम भी कभी अकेले में मुझसे हर वो बात कर लेते हो
जो शायद इतनी ज़रूरी भी नहीं थी
क्या तुम भी कभी मुझे सुख में याद करते हो
और ना जाने क्यों पर अचानक ही दुखी हो जाते है
क्या तुम कभी भी मुझे याद करते हो?

38. बेफ़िक्री के दिन

कहाँ गए वो दिन

वो बेफ़िक्री के दिन

वो बचपन के दिन

क्या याद है

कब आख़िरी बार एक खिले हुए फूल को देख कर मुस्कुराए थे

कब गीली रेत पर अपने ख़्वाबों के घरौंदे बनाए थे

कब अपनी फिजूल ज़िद मनवाने के लिए ज़मीन पर पैर पटकाये थे

कब एक छोटी सी चोट लगने पर रात भर आंसू बहाये थे

कब एक रंगबिरंगी तितली को पकड़ने के लिए अपने पर फैलाये थे

कब वो अनगिनत पल आसमान में फैले तारे गिन गिन बिताये थे

कब बादलों की परछाई में हमने अपने अक्स बनाये थे

कब यूँ बारिश के पानी में हमने पैर छपछपाये थे

कब कहीं बाहर जाने के लिए हज़ार झूठे बहाने बताये थे

कब दोस्तों के एक छोटे से झगड़े में बड़े दुश्मन बनाये थे

कब माँ की जादुई थपकी से सपनों में परियों के देस सजाये थे

कब पापा की गुदगुदी से हंसते हंसते आँखों से मोती छलकाये थे

अब याद भी नहीं शायद

कहीं खो गए वो दिन

वो बचपन के दिन

वो बेफ़िक्री के दिन।

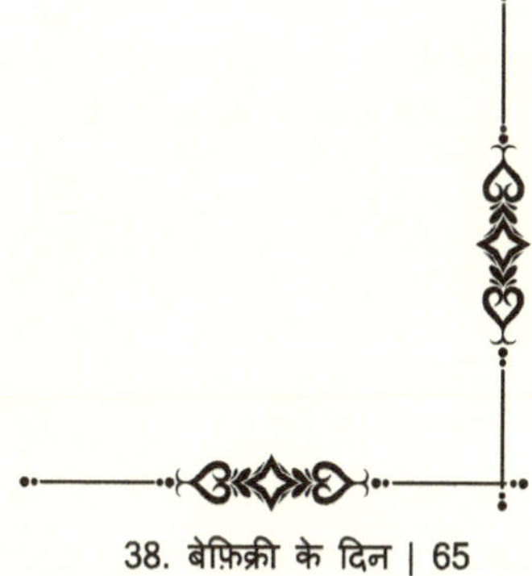

39. कोई एक तराना दे

इस बरसों के दौर में
बस एक पल दे सुकून से काटने के लिये
मेलों में राहत मिलती नहीं
कोई एक दे तन्हाई बाँटने के लिए
इतनी इन हाथों में ताक़त दे
जो काफ़ी हो किसी के ज़ख़्म सी लेने के लिए
इतनी इस दिल में प्यास दे
जो हंसते हंसते तैयार हो जाये, किसी के ग़म पी लेने के लिए
कोई एक तराना दे दे, उम्र भर गुनगुनाने के लिये
बस एक बहाना दे दे ये ज़िंदगी बिताने के लिए
चाहे जितनी मर्ज़ी उम्मीदें दे सिर्फ़ खोने के लिए
बस एक आस दे मेरे पूरे होने के लिये
कोई कारण मत दे मुझसे ये ज़िंदगी लेने के लिए
बस एक वजह बता दे मुझे ये ज़िंदगी देने के लिए।

40. जायज़ तो नहीं

बदलती रास्तों की आहटें
बदलती मौसमों की चाहतें
बदलती मंज़िलों की राहतें
ज़रूरी है, मगर जायज़ तो नहीं।

छूटता अरमानों का दामन
छूटता बचपन का आँगन
छूटता यौवन का सावन
ज़रूरी है, मगर जायज़ तो नहीं।

भूलती बातों की याद
भूलती शायरी की दाद
भूलती हसरतों की फ़रियाद
ज़रूरी है, मगर जायज़ तो नहीं।

खोती सुबहों में वो रात
खोती भीड़ में वो हाथ
खोती एकांत में वो साथ
ज़रूरी है, मगर जायज़ तो नहीं।

यूँ घटती नादानियाँ
यूँ बढ़ती समझदारियाँ
यूँ बदलती साझेदारियाँ
ज़रूरी है, मगर जायज़ तो नहीं।

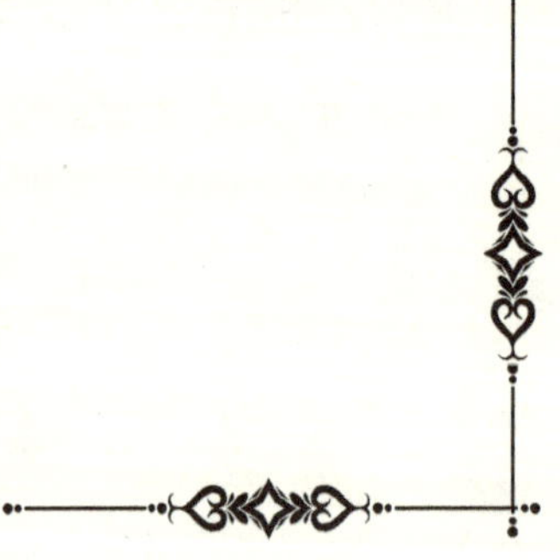

41. एक ख़ुशी और

ना समझना ये ज़िंदगी ख़त्म हो गई
एक लम्हा और जी लेने को है

मत करना इन पलकों को अभी बंद
खुली आँखों से एक सपना संजो लेने को है

जीवनमाला टूट कर बिखर ना जाये
प्रेम का एक मोती पिरो लेने को है

कभी कोई पुरानी याद ना समझ लेना
जग में हर पल कुछ नया होने को है

मत कहना मेरी ज़िंदगी को एक सवाल
अभी तो कई जवाब देने को है

अभी ना पूछो हाल-ए-दिल
एक ख़ुशी और खो लेने को है।

42. देखना

एक तनहा उम्र गुज़र रही है
एक सुनहरे पल के इंतज़ार में
देखना ये जीना बोझ ना लगे।

एक बेचैन शाम ढल रही है
एक सुकूनी रात के ख़्वाब में
देखना कल सवेरा उदासी ना भरे।

एक पक्की सोच बुझ रही है
एक कच्चे ख़्याल के प्यार में
देखना ये आशिक़ बेमौत ना मरे।

एक सीधी राह भटक रही है
एक तीखे मोड़ के आभास में
देखना ये राही बेमंज़िल ना थके।

एक सच्चा आंसू बह रहा है

एक झूठी मुस्कान की आढ़ में

देखना ये सौदा घाटे का ना रहे।

एक प्याला ज़हर पी गया है

एक घूँट जाम के लिबास में

देखना ये रिंद प्यासा ही ना रहे।

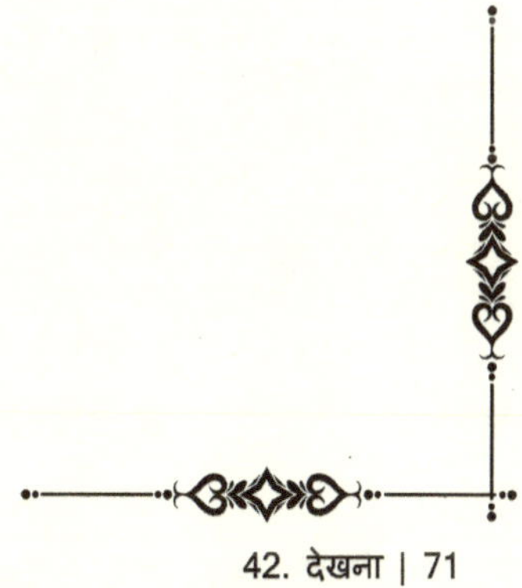

43. करमों का बोझ

थक गए हो ना करमों का बोझ उठाते उठाते
हर परिस्थिति में ख़ुद को बहलाते बहलाते
बीते कल जो कर बैठे उस से शर्माते शर्माते
आने वाला कल कैसा होगा सोच कर घबराते घबराते
नेकी को दरिया में डुबाते डुबाते
बदी का हिसाब चुकाते चुकाते
कर्म और नसीब को लड़ाते लड़ाते
थक गए हो ना भगवान को मनाते मनाते
चलो एक नया तरीक़ा खोजें
नेकी करें या बदी हो जाये
सब दरिया में डुबोते चलें
कर्म और क़िस्मत जो सामने आये
दोनों को एक सा देखते चलें

भोग मिले या भोगना पड़े

सब की चिंता छोड़ते चलें

कल और कल से नाता तोड़

आज से रिश्ता जोड़ते चलें

"मैं" और "मेरा" का अहम तज कर

समर्पण का संकल्प करते चलें

कहाँ से आए थे कहाँ जाना है भूलकर

बस एक एक कदम चलते चलें।

पाठकों के प्रति आभार

सर्वप्रथम आपके हाथ में अगर यह किताब है, या आपको इस किताब में कोई भी भाव अच्छा लगा या आप किसी भी भाव से जुड़ पाये तो मैं आपकी आभारी हूँ क्योंकि आपने मेरी प्रथम कृति को सार्थक कर दिया। मैंने कभी किसी सुनहरी कल्पना में भी अपनी रचनाओं से नाम या पैसा कमाने का नहीं सोचा परंतु कहीं दूर कोई पाठक ये पढ़कर मुस्कुरा रहा होगा या किसी की याद में होगा या आने वाले कल के सुनहरे सपने बुनता होगा या फिर सब भूल कर कुछ पल इनमें खो गया होगा, बस यह ही सपना मैंने हमेशा देखा है, तो मेरे इस सपने को पूरा करने के लिए आप का कोटि कोटि आभार।

अगर आप इस रचना से जुड़े प्रश्न या टिप्पणी करना चाहते हैं तो आप नीचे दिये गए पते पर मुझसे संपर्क कर सकते हैं। मुझे आपके विचारों का इंतज़ार रहेगा।

डॉ. श्रुति शर्मा

(tanshu15h@gmail.com)

www.ingramcontent.com/pod-product-compliance
Lightning Source LLC
LaVergne TN
LVHW090126160826
845673LV00015B/1031

9798892773195